아버지의 등이 달린다

시산맥 기획시선 113

아버지의 등이 달린다

시산맥 기획시선 113

초판 1쇄 인쇄 | 2023년 10월 16일
초판 1쇄 발행 | 2023년 10월 21일

지은이 장기혁
펴낸이 문정영
펴낸곳 시산맥사
편집주간 김필영
편집위원 신정민 최연수
등록번호 제300-2013-12호
등록일자 2009년 4월 15일
주소 03131 서울특별시 종로구 율곡로 6길 36. 월드오피스텔 1102호
전화 02-764-8722, 010-8894-8722
전자우편 poemmtss@naver.com
시산맥카페 http://cafe.daum.net/poemmtss

ISBN 979-11-6243-411-6 (03810)

값 10,000원

* 이 책은 전부 또는 일부 내용을 재사용하려면 반드시 저작권자와 시산맥사의 동의를 받아야 합니다.
* 이 책은 교보문고와 연계하여 전자북으로 발간되었습니다.
* 본문 페이지에서 한 연이 첫 번째 행에서 시작될 때에는 〈 표기를 합니다.
* 저자의 의도에 따라 작품의 보조 동사와 합성 명사는 띄어쓰기가 달라질 수 있습니다.

아버지의 등이 달린다

장기혁 시집

■ 시인의 말

좋은 시 하나,
현상에 감추어진 본질을 발견하고
편안한 언어로 풀어내어
깨달음을 나누는 것.

좋은 시 둘,
누구나 다 알 수 있는 현상을
맛깔나는 언어로 요리하여
새로운 맛을 내는 것.

좋은 시 셋,
현상과 본질의 관계를 분리하지 않고
세상을 낯설게 만나게 하여
설렘을 나누는 것.

우리가
쓰는 시는
다 좋다.

시를 짓기 시작한 때가 언제인지 까마득하다. 그동안 나는 초고를 잡고 계속해서 쉽게쉽게 다듬는 시짓기를 해왔다. 시를 짓는 나도 쉽게 다시 읽고 싶고, 나의 시를 함께 나눌 사람들도 편하게 읽을 수 있는 시를 쓰고 싶었다. 잔잔하고 편안하지만 그래도 뭔가를 생각하게 조그만 실마리를 주고 싶은 마음이었을까? 이 시집에서 실마리의 끝에 나는 '아버지'를 매달았다. '답다'라는 말의 의미가 지워져 버린 시대를 살면서 '아버지답다', '남자답다'가 가진 낡아버린 가치(價値)의 의미를 관조(觀照)한다. 그것은 세상의 모든 아버지들이 자신의 아이를 자전거 뒷자리에 태우고 세상을 내달려 주었으면 좋겠다는 바람이기도 하다.
　시를 짓는 일이 쉽지 않다. 시는 내 생각의 실마리에서 나오는 것이고, 내 마음이 향하는 곳 어디쯤 존재하는 것이기 때문이다. 종종 나는 나를 속인다. 내가 나마저 속이곤 하는데 타인(他人)에게야 오죽하겠는가? 그래서 나의 시는 솔직하지만 그만큼 솔직하지 않을 수도 있다. 그 간격이 주는 긴장감이 나로 하여금 자꾸 시를 짓게 하는 것일지도 모른다. 2003년에 등단했으니 시집을 냈어도 여러 권 내었을 시간이 흘렀는데 이제 첫 시집을 내는 까닭도 이러한 자기모순을 극복하지 못함에 있었다.
　그러나 이젠 세상에 내 시들을 던질 마음이 생겼다. 이순(耳

順)을 넘긴 세월이 부끄러움의 감도(感度)를 줄여준 것이다. 그리고 이상하게 이전보다 내 시가 더 좋아졌다. 내가 내 시를 읽으면서 눈시울이 붉어지는 경험도 참 새롭다. 다만, 세상을 향해 던져진 시들이 시들시들하지 않고 생생하게 잘 살았으면 하는 바람만 있다.

   표지 작업을 한 김영신 작가와 장한결에게 고마움을 전하고 싶다.

■ 서시

아버지의 등이 달린다

어릴 적
아버지 자전거 뒷자리에 올라타면
시골길이 달려나간다.
채 깍지에 닿지 않는 팔 허리 둘러
내 짧은 숨이 아버지 등에 닿으면,
바람에 실려 흘러드는 목소리
한껏 세상을 공명(共鳴)하다.

아버지의 어깨에 빛나는
저녁 햇살 비스듬,
작은 몸 움츠려
아버지의 등에 코를 묻으면
구부러진 길은 보이지 않고
높은 산도 보이지 않고
깊은 강도 보이지 않았다.
아카시아 나무 사이로 날아다니는
잠자리 날개에 반짝
어린 콧노래 사뿐하게 앉는다.

〈
세상에서 불어대는
맞바람 막아 세우고
마침내 나지막한 졸음에 닿게 하는
아버지의 등,

지금도
이 세상 어딘가엔
아버지의 등이 달린다.

-아버지는 1922년생으로 신산(辛酸)스런 세상을 살았다. 일제강점기에 태어나 결혼하고, 북한 땅 청진(淸津)에서 신혼 살림하며 낳은 큰아들을 잃었다. 한국전쟁 중 딸 하나 더 잃고 남쪽으로 내려와서 천안, 조치원, 안중에서 생계를 이어갔다. 나의 형제자매들은 이 신산(辛酸)스런 삶의 여정 속에서 태어났다. 아버지는 고향 충남 공주에서 마지막 삶의 여정을 보냈고 여든여덟의 세수(歲壽)에서 본향(本鄕)으로 돌아갔다. 어린아이 시절 아버지가 태워 준 자전거 뒷자리에서 나는 행복했다. 세상 모든 것을 막아주던 든든하고 푹신한 아버지의 등에 얼굴을 부비며 시큼한 땀 냄새를 맡았는데 고급스러운 기억(記憶)

은 아니지만 지금도 좋다.

   요즘 세상에도 아버지의 등이 달렸으면 좋겠다. 자녀들이 기대면 평안함을 나누어 줄 수 있는 든든한 아버지의 등이 달렸으면 좋겠다. 세파(世波)가 몰려올 때 앞에서 곁에서 함께 겪으며 막아주고, 자신의 시간과 삶을 희생하며 자녀를 바르게 세우기 위해 헌신(獻身)하는 아버지들이 아직도 많을 것이라 기대한다. 나는 그것이 아버지의 삶이라 확신한다.

■ 차 례

시인의 말 10
서시 13

가(家), 가(價)

기일(忌日) 23
041-610-2300 24
눈 26
대화 28
마취와 마비 사이 30
미루처럼 32
시장에서 34
아버지 산소에 가면 36
아프다 38
어머니 40
아버지 덕에 산다 42
외탁(mother's side) 43
할머니와 손자 44

애(愛), 애(哀)

깔때기	49
데칼코마니	50
뚱딴지	52
먼지	54
부석사(浮石寺)	55
북한강에서	56
사랑 8	58
단풍(丹楓)	60
수개미	61
접(蝶)	62
탁구공	64
항성(恒星)	66

교(敎), 교(校)

삭신(色身) 71
그 선생님 72
사람은 74
아침 빗길 76
언어(言語) 물리량(物理量) 78
지우개 80
차곡차곡 82
초등학교 동창회 84
콩콩콩 86
툭 88
행복(幸福) 90
향적봉(香積峰) 92
혹은 潭潭, 혹은 淡淡 그리고 잔잔(潺潺) 94
연필(鉛筆) 96
흐린 눈으로 세상 보기 97

각(覺), 소(笑)

간화선(看話禪) 101
까마중 102
난독증(難讀症) 104
뒤숭숭 숭숭뒤 106
못된 모기, 안된 모기 107
백남준 특별 전시회를 보고 108
보리 위로 걷고 싶다 110
봉수산 112
사랑은 사람을 넘을 수 없다 113
산 114
석두(石頭) 116
바다 1 118
엉덩방아 119
운해(雲海) 120
카프카 불러내기 122
태만(怠慢) 124
한라설화(漢拏雪花) 126
은행목 128
향일성(向日性) 129
꿈 130
개굴개굴 131
공생(共生) 134
김장 김치를 썰며 136
달초(撻楚) 139
답안지 143
맨손으로 사과 쪼개기 146
산역(山役) 149
텃밭 152

가(家), 가(價)

기일(忌日)

밤을 새웠습니다.
끙끙 앓았습니다.
머리로 열이 뻗치고,
숨을 쉴 때마다
깊은 곳에선 뜨거운 불이 올라옵니다.
심장은 고막을 두들기고
기운 잃은 시간이 자꾸만 늘어집니다.
그렇게,
밤새도록
나의 온몸이
눈물을 뻘뻘 흘렸습니다.

041-610-2300

문자 정리하다가
모르는 번호가 있기에
지워도 되는가? 해서 들여다봤다.

'장기혁님 화장 예약이 완료되었습니다.
예약번호: 201509020104F001
대전시정수원
오후 3:17'

잠시 어리둥절했다가
날짜를 보는데
소천(召天)하신 어머니가 빙그레 웃으신다.
구십 평생을 선하게 살아
지금도 눈에 선한 어머니.
작년 팔월 마지막 날
자식들 볼까 서둘러 하늘길 올라가신
어머니의 야윈 음성이
문자에 젖어든다.

훗날, 언젠가

내가 곱게 화장되는 날이 오면
어머니처럼
내 아이들 마음속에
선하게 그려질 수 있을까?

지우지 못한
문자 하나,
오후가 먹먹하다.

눈

아이들이
눈이 온다고 하기에
오는가 했더니
어느새 펑펑 내려서
온누리를 덮었다.

밤에
아이들을 데리고 나가서
눈 속에서 뒹굴다가
한참이나 시간을 잊었다.
눈사람이 띄우는 뒹굴뒹굴한 웃음 너머로
성큼성큼 다가오는 신비로운 세계
아이들의 맑은 웃음소리에 잊은 세상.

꽁꽁 얼어붙은 추운 날씬데도
김이 모락모락 나는
아이들의 모자를 털어서 씌워주며
만져본 뺨 속에
빨갛게 익은 즐거움.
〈

그날 밤 꿈에
아이들은 누굴 만났는지
잠을 자면서도
웃고 있었다.

대화

밤 깊은 시간
잠에 들려 몸을 뉘었는데
엄마의 음성이 찾아왔다.
낯익은 성문(聲紋),

자냐?

위독한 전갈에
급하게 달려가던 8월의 끝날,
병원 도착 전 이미 세상 뜨신 어머니

엄니 성질도 급하시지
왜 그리 빨리도 생의 자리를 거두신 거예요?
막내 얼굴 한 번 안 보고
아들 목소리 한 번 안 듣고

그냐? 그렇지?
근데
아들 얼굴이 내 눈에 있는데
어떻게 그 눈을 감아

〈
우리 새끼들 냄새가
내 코에 있는데 어떻게 그걸 끊어

엄만 잘 있어
이곳이 참 좋아
나중에 너도 이곳으로 와

말씀하시는 모습이 흔들린다.
젊은 시절 아리따움,
안정된 중년의 푸근함,
노년의 초췌함까지 겹쳐
마구 흔들린다.

마취와 마비 사이

치과에 가다.
상한 이가 많다.
젊은 의사가 곁에 앉아
입을 벌린다.
구석구석 뒤적거리더니
충치 몇 개, 마모된 이 몇 개
유치도 두 개라 한다.
잇몸뼈가 약해 임플란트는 시간이 걸리고
브릿지로 시술하잔다.
나는 그러라며
입을 더 크게 벌린다.

며칠 후
발치하러 치과에 갔다.
이를 건강하게 관리하지 못한 걸 채근하듯
잇몸 근처에 따끔한 주사를 맞았는데
순간 감각이 사라진다.
젊은 의사가 어금니를 붙들고 씨름하다
으드득 쪼개서 뽑아내는 소리가 들리지만
거짓말처럼 고통이 없다.

〈
집으로 돌아와 저녁 식탁에 앉았는데,
눈가에 아버지가 흐른다.
가난했던 가장(家長)
비탈진 시간이 맞이한 구안괘사(口眼喎斜),
풍 맞아 비뚤어진 입술 사이로
밥풀 몇 개 흘리며
무거운 세월을 지고 날라
나를 키우신
내 아버지의 굳어버린 시간이
내 입에 머물고 있다.

미루처럼

장성한 아들
군대 가던 날
연무대 연병장을 가득 채운
아쉬움 까까머리로 보내고
돌아오는 길
차창으로 들어온 화랑문 옆 미루 두 그루,
훤칠한 키만큼 늠름하다.
눈가를 찍어내는 손가락 잠시 멈추고
그이는 미루에 사로잡혔다.

고속도로를 달려 도착한
입장 휴게소에서
부부는
아메리카노 한 잔을 두 잔으로 나누고
탁자에 마주 앉았다.
그러다 문득
'앞으로 한 달 동안
우리 맛난 음식 먹지 말자.'
그이에게서 불쑥 튀어나온 말 한마디.
고개를 끄덕이며

다시 차에 오르는데

그이의 눈에선 미루가 자란다.

시장에서

아버지 운동화를 사러 시장에 간다.
255mm
아버지 발 사이즈가 아들보다 작다.
고희를 훨씬 넘긴 무거운 세월
가볍고 질긴 우리 상표 운동화 고르다가
어린 시절 검은 운동화가 생각난다.

먹고 살아가는 것조차 버거웠던 날
안간힘으로 집안을 버티던
아버지
병풍 메고 인천까지 가셨다가
중풍에 시달려
비뚤어진 얼굴로 돌아오신
아버지.
아버지가
내 어릴 적 사 주신 검은 운동화가
오늘 시장에선 보이지 않는다.

시장에서
아버지 발에 꼭 맞는 운동화를 사서 돌아오며

새 운동화를 사러 시장에 다시 오길,
또 그 운동화를 버리고,
다시 새 운동화를 사러 시장에 다시 오길

고개 숙여 빌다.

아버지 산소에 가면

조치원 가는 길목
한 다리 언덕배기
큰길에서 빼죽이 보이는
아버지 산소에 가다.

아버지가 즐겨 부르시던,
찬송가 흥얼거리다가
엉거주춤 주저앉아
산소 앞에 무성한 잡초
몸뚱아리 힘껏 잡아당기면
뿌리는 뽑히지 않고
우두둑 끊어진다.

그러다 보면 어느 결
여기저기 눈에 띄는
네잎클로버 찾기에 빠진다.
네 식구가 옹기종기 기어 다니며
초록빛깔 행운을 챙긴다.

아버지는

당신 봉분 위에 잔디는 기르지 않고
산소 앞 잔디밭에
토끼풀을 잔뜩 기르신다.
아버지의 산소 앞에서
우리는
눈이 빨간
네 마리 멧토끼가 된다.

아프다

하늘이 높아서
공기가 맑아서,
날이 좋아서 눈물이 난다.

어머니는
빌딩 숲을 지나간다.
다시 못 올 산 자들의 공간
차들은 서로가 서로의 발을 묶고
더디게만 움직이는데
어머니를 가루로 태운 차만
속도를 낸다.
차창으로 보이는 파란 하늘에
뭉게뭉게 피어오르는 하얀 기억들.

바람이 서늘해서,
가을이 청명해서 마음이 아프기만 하다.

어머니는 이 가을에
흙을 여셨다.
자식에게 전할

마지막 말씀을 가슴에 담으시고
흙으로 들어가셨다.

지구가 동그래서
마냥 슬프기만 하다.

어머니

꽃이 아름답다고 느낀 건
서른 이후
그리고,
당신의 손등에 핀 검은 꽃이
아름답다고 느낀 것은
이제 불혹(不惑)에서……
켜켜이 쌓인 세월의 거죽
오롯한 당신의 자랑.

어쩌면
소나무 거죽처럼 쪼글어진 피부에
애잔한 노래만 남았어요.
그러나,
영원을 향해 무릎 꿇은 당신
당신의 노년은 눈물이 날 만큼 아름답습니다.
하얗게 센 머리카락에 빛나는
산삼 잔뿌리 같은 사랑.
자식을 굽어 이루 살피는
찬찬한 보살핌.
〈

어머니
당신 앞에 우리는
시냇가에 심어진 나무입니다.

아버지 덕에 산다

아버지가
날 낳아주신 고향에서
중학교 선생이 되었다.
연세 지긋하신 분들은 만나면
그분들은
아버지가 경영하던 구둣방
섬기시던 교회당에서 들려주신
나직다감하던 음성을
아직도 기억하고 있다.

아버지가
날 낳아주신 고향에 살아보니
내 아들딸에게
잘하기보다
내 아들딸을 감싸고 있는
세상에 잘해야 하겠다는 생각이 든다.

날 낳아주신 아버지 덕에
나는
고향에서
잘살고 있다.

외탁(mother's side)

비록 성긴 머리숲이지만
염색도 사람의 일이라
달에 한 번은
미용실에 간다.
토요일 오후 미용실 가는 길
햇살이 넉넉하다.
푹신 편안한 의자에 앉아
염색약 바르고
비닐로 된 씌우개를 씌운다.
연한 초록 마스크로 가린 얼굴이
거울에 등장했다.
물끄러미 바라보는데
갑자기 거기 있다. 엄마가 거기 있다.
위아래를 가리고 남은 눈매,
드러난 눈썹 밑에 놓인
송편 모양의 눈 주변이
어렸을 적 어머니의 무릎에서 들었던
찬송가(讚頌歌) 가락이다.
난
외탁(外託)인가 보다. (mother's side)

할머니와 손자

어머니가 논산에서 올라오셨다.

뇌졸중으로 쓰러지신 지
칠 년 만인가 보다.
오른쪽 편마비로 불편한 몸
한가위 보름달 타고 오셨다.
어쩌면 살아생전 마지막이 될지도 모를
막둥이 집 나들이
형제들은 밝은 표정으로
어머니의 나들이를 거들었다.

밤이 오고
널찍한 자리를 거실에 펴 드리고
밤새 시중들랴 소변통 챙겨 들고
곁에 누운 맘씨 고운 며느리
그런데 어머니는
며느리 고운 맘씨를 슬며시 밀어내고
제 방에 누운 손자를 불러 곁에 누인다.
당신의 60대에 갓난아기였던
씻고 멕이고 재웠던 그 손자,

그리고, 밤새 거실에선
스물한 살 젊은 손주와
미수(米壽)의 할머니가
웃음소리 양념 삼아
두런두런 말을 섞는다.

어머니 기억 속에는 아직도
기저귀 채우던 손맛
업어 재우던 등맛
꼼지락거리던 다리 곧추세우시던 빳빳한 그리움이
고스란히 남아 있는가 보다.

애(愛), 애(哀)

깔때기

넓은 세상을 모아
몽땅
주고 싶어서
있는 힘 다해 입 벌리고
또 벌렸어요.
세상에서 맺은 인연(因緣) 모아
중력의 중심으로 쓸어 담기 위해
턱이 아프도록 벌린 입
다물지 않을 거예요.

존재(存在)의 이유란

걸터앉은 자리에서 행하는
뾰족한 카타르시스
내 심장 깔딱깔딱 뛰어서
우주의 중심(中心)을 향해 밑 빠진
깔때기가 되는 거예요.

데칼코마니

평행한 우주란다.

다른 곳에 태어나
다른 시대를 살다
만나자마자 반으로 접힌 운명(運命)
자리마다 피어나는
은밀한
밀착의 희열(喜悅)

당신과 나는
평행스런 공간,
우주로부터 이어진 끈
만나자마자 반으로 접힌 틈에
피어나는 거울 꽃처럼
예측할 수 없이 아름답게 아름답게
서로를 닮아가나니

인연(因緣)이 다 한 후에
다시 그렇게
떨어져 앉은 자리에서

똑같은 자세로
당신을 향해 굳어지나니

당신은 나의 절반
당신과 나는
데칼코마니.

뚱딴지

정말
몰랐어.
자네가 한껏
키를 세워 흔들어도
그냥 들판이었어.
서글서글 웃어주던 노란 꽃 이파리
휘청거리던 자네의 훤칠함엔 관심 없었지.

정말
몰랐어.
내 몸 연약함으로
돼지감자 좋다기에
우식 청년 손에 이끌려 당신 앞으로 내려서서
구슬땀 흘리며 호미 삽질하다
고스란히 숨겨놓은 생명의 구근(球根),
통째로 들어 올리면서도
자네가 뚱딴진 줄 몰랐어.

겉모습 울퉁불퉁
못생긴 생강 같은데,

무미(無味)에다 무취(無臭)까지
가져야 할 것 다 내려놓은
얼렁뚱땅에 걸맞은 이름
뚱딴지,
이제 자네를 알아.
자네가 내게 얼마나 소중한 것인지도
이제사 얻은 깨달음이지만
자네처럼
세상에는 이유 없이 홀대받는 뚱딴지가 많거든.

먼지

더 작은 알갱이가 부럽다.
눈 부신 햇살 속에서조차 부끄럽지 않은
더 작은 영혼이 되고 싶다.

부유(浮游)하는 마음의 가벼운 신들림,
발광(發光)하는 오후 햇살, 그
전율(戰慄)스런 광채(光彩) 때문에
떨리는 마음으로 공중에 떠다니다가
시간을 갉아먹어야
비로소 무게를 느끼는 먼지처럼
마침내 고요히 가라앉아
소복소복 쌓이는 먼지처럼
무게 없이 살아가고 싶다.

무겁지 않다는 것이 얼마나 상쾌한가.
컴컴한 빛처럼 보이지 않는다면
얼마나 자유로울까.
의미의 무게를 견디지 못한
하루는 저물어 갈 뿐이다.
기나긴 세월 속에
오늘 하루는 먼지로 쌓인다.

부석사(浮石寺)

유채색 비늘 바람에 내려놓고 나란히 마주 선 은행나무 사이로 포장된 문명이 산을 찾아 구불구불 올라가는 길. 끝에서 만난 소백산 자락 간신히 붙잡고 솟아오른 봉황산 젖가슴 사이 대숲 위로 떠 오른 바위(浮石) 곁에 두고, 산줄기 어깨 나란한 지붕, 무량수전 춤사위가 능청맞다. 배흘림기둥 사이 천년 세월 오롯하게 세워두고 대웅전 앞뜰 건너 세속을 끌어안은 안양루, 비바람 핥아 쪼글어진 기둥 갈라진 틈새마다 윤회(輪回)로 채우고는 세파에 떠밀려 올라온 사내에게 낮게 갈라진 목소리 건넨다. 무게가 무게를 이기지 못하는 세상인데 자네는 돌이 뜨는 까닭을 아는가? 천년 세월 동안 안양루 받들다 자네 앞에서 바스러지는 인연(因緣)을 볼 수 있는가? 돌을 띄운 사랑도 끝내 이루지 못한 사연을 자네는 알고나 있는가? 부서지는 시간 위에 다소곳 발 디딘 선묘각 작은 몸이 다시 누굴 맞아 굳게 닫힌 문을 열 수 있겠는가? 띄운 돌 위에 자리 잡은 조용한 산사에서 도란도란 나눈 기나긴 세월에 얽힌 짧은 법어(法語). 속인(俗人)은 띄우지 못할 바위에 얽힌 애틋한 전설만 무성하다.

북한강에서

나는 시방 도시를 떠난다.

그리움에 지친
내 마음 던지러
저린 발걸음으로
북한강을 찾아간다.

북한강에는
빛나는 햇살이 물살을 끌어안아
목 놓아 반짝이고,
낙엽 떨굴 힘조차 잃은 나무들은
오후 내내 바람에 흔들리다
하나둘, 강물로 뛰어들고 있었다.
북한강 그 언저리에는
산과 하늘과 강이 뒤엉켜
두 눈 가득 눈물겨운 풍경으로
가을을 연주하고 있었다.

내 마음 던지러 찾아간
북한강에서

나는
내 마음 건지러 찾아온
사람처럼
울었다.

나는 다시 도시로 돌아간다.

사랑 8

생각해 보니
당신은 11월을 닮았네요.

황사 없이
깨끗한 하늘처럼
정갈한

뜨거운 것도
차가운 것도 아닌
서늘한

분주한 10월과
화려한 12월 사이
자잘한 이야기까지 다 들어주는
섬세한

그러나 자신은
사연처럼 생긴 건
우수수
다 떨어내 버리고

벗은 나뭇가지 위로
불어오는 바람 속에조차
어떤 향기도 보여주지 않는

당신

생각해 보니
당신은 11월을 닮았네요.

단풍(丹楓)

이 녀석보고는 '든다' 한다.
봄을 키워
여름에 활짝
왕성한 생명으로 펼친 다음
이제야 곱게 차려입는데
'든다' 한다.

세상에 들고 싶은 사람,
빛으로 스며 색(色)으로 채운 나뭇잎처럼
세상에 들고 싶은 사람 하나 있으면,
나의 언어로 네게
나의 몸짓도 네게
내 안에 가득 찬 고운 빛으로
곱게 곱게 물들이고 싶다.

아마,
이 가을에
누군가에게 들고 싶은 것이다.

수개미

오직
단 한 번의 비행을 위해
모진 목숨으로 살다가
기어이
하늘에서 거세당한 무리들,

추락하는 순간
이미 새까맣게 타버린 몸,
꼼작거릴 마지막 자유를 분노로 바꾼 채
날카로운 이빨로
자신의 날개마저 찢어버려라,

언젠가
그 이빨마저 뽑힐지라도
개미는
날아오를 것이다.
맨몸으로
날아오를 것이다.

접(蝶)

접었다 폈다.
그래
나비(蝶)인가?
나풀나풀 꽃보다 화사한 빛깔로,
시선(視線)을 춤추게 하는 그니,

나를 보길 원했으나,
세상천지(世上天地) 꽃도 많아라,
향기도 저마다 다르니,
좁은 소견(所見)은
접었다 다시 펼치고 싶은
생(生)의 자유(自由)로운 비행(飛行)을
넘실거리는 푸른 하늘에 가두어버려
버려, 버려,
사랑도 사랑이 아닌 듯
사랑도 사랑인 듯
나비의 속내가 조울(躁鬱)하다.

하여,
손가락 힘 빼고

홀랑 벗고
꽃밭을 가꿀 일이다.

탁구공

내가
아무렇게나 튀는 것 같지만
정확하게 가해진 힘과
깎아서 밀어낸 회전력
그리고
내 안에 내재한 반발력이 얽혀
탁탁 소리 지르며
튀는 것이다.
가볍게 속을 비웠기에
높이보다 훨씬 높은 곳까지 올랐다가
통 통 통 통통통통…….
작고 둥근 몸이
안단테(andante)에서 알레그로(Allegro)로
리듬 되는 것이다.

단단한 껍질에 감춘
결코 깨지지 않으려는 의지(意志)
어찌하다 세상에 밟혀 찌그러지면
따뜻한 온기로 데워 펴다오.
내가 튀고 또 튀는 것

방향 없는 것처럼 보이겠지만
탁구대 위에서는
네가 원인이고,
네가 이유이고,
네가 가치이다.

항성(恒星)

너에게 나는 항성(恒星)이 되고 싶다.
네가 멋진 위성(衛星)을 달고 나타나도
나는 내 자리에서 빛나련다.
그
빛으로 너를 밝히고
열기로 따뜻하게 데워
보이지 않는 인력(引力)으로.
너의 구심점(求心點)이 되어야 하지 않겠는가?

어쩌다,
나마저 구심력(求心力)을 잃으면,
너의 원심력(遠心力)은 근원을 잃을지 모른다.
드넓은 우주에서
위성(衛星)은 행성(行星)을 돌고
행성(行星)은 항성(恒星)을 더 멀리서 돌지만
항성이 제 자리를 지키고 있는 한
별들이 영원히 빛을 내듯
〈

나는 내 자리에서
너를 힘껏 당기면 될 일이다.

교(敎), 교(校)

삭신(色身)

요기조기 작은 근육들이
지들끼리 들떠
뭉쳐 있다.
움직이면 왜 귀찮게 하냐고
조그만 통증의 샘을 열어놓는다.
이대로
운동장을 밟으면
과연 몇 걸음이나 달릴 수 있을까?
반신반의(半信半疑)했는데
아이들과 뭉쳐져
20분 전반전을 거의 뛰고 나왔다.
그새 두 골 넣고 아직은 뛸만하네?
새로 산 축구화를 처음 신고
흙먼지 날리면서
지나버린 청춘(靑春)의 기억을
고스란히 소환한 사제동행 축구 경기
삭신(色身)이 쑤시다는 말은
아직은 주머니에 쑤셔 넣고 다녀도
될 듯하다.

그 선생님

모래 운동장 바닥에
40명 천사들과 누워
푸른 하늘을 본
선생님,

발작증(發作症)으로 넘어진
제자의 손잡아,
비틀거리는 시간
바로 세워 주시던
그 선생님,

풀린 눈으로 세상 걷기 힘들까
한걱정 마음 한켠에 쌓아놓고,
동동 발을 동동 구르던
마음 고운 그 선생님,

걱정하지 말아요.
40명
아이들 마음속에,
당신이 살아 있을 거예요.

〈
아마
선생님의
서늘한 눈매에 흘렸을 눈물을
당신이 보았을 푸른 하늘을,
그 아이들은 기억하고 있을 거예요.
살아가는 동안
거기서 조금도 물러서지 말아요.

긍휼(矜恤)을
본능적으로
체휼(體恤)할 줄 아는
그 선생님.

사람은

평범한 사람은
넘어지면 뒤돌아보고
일어서면 앞을 본다.

미련한 사람은
넘어지면 돌부리를 탓하고
아무 생각 없이 일어선다.

착한 사람은
넘어지면 자신을 탓하고
일어서면 고마움을 말한다.

악한 사람은
넘어지면 누군가를 찾고
일어서면 복수를 꿈꾼다.

소심한 사람은
넘어지면 핑계를 찾고
일어서면 혼자 웃는다.
〈

기름진 사람은
넘어지면 밭을 갈고
일어서면 열매를 거둔다.

게으른 사람은
넘어지면 널브러지고
일어날 생각을 하지 않는다.

지혜로운 사람은
넘어지면 땅을 닮고
일어서면 하늘을 닮는다.

아침 빗길

현관문 나서서
엘리베이터 앞에 섰는데
창문 사이로 빗방울이 보인다.
다시 들어가
우산을 꺼내 들었다.

쪽문으로 빠져나와 걷는 길
다닥 다다닥
우산을 두드리는 가느란 빗방울
바람은 솔솔 불고
서둘러 떨어지는 철 이른 잎사귀에 섞여
솔방울 몇 개 보도에 뒹구는데
나는
동그란 작은 세상을
조심조심 걷는다.
광포(狂暴)했던 여름을 지워내는
가을 빗소리 받으며 출근하는 아침 길
부러 발걸음 늦추어
바람과 친해지는 아침,
찬찬한 시선으로

세상과 사랑에 빠지는 아침 빗길.
아니,
세상이 나랑 친해지고 싶어서
수없이 두드려대는 아침 빗길.

언어(言語) 물리량(物理量)

얼마만큼일까?
사람들이 툭툭 던져대는
말속에 담긴 함의(含意)의 질량은,
저마다의 생각이 담겨 있기에
둥근 끄트머리가 없다.
서로 다른 입장(立場)이
가까스로 원형(原形)을 감춘 채
얽히거나 팽팽히 맞서
진심(眞心)은 아랑곳없다.

사람들은
언어로 만나 언어로 사귀고
마침내 언어로 얽히게 된다.

사방에서 튀어나온
언어의 물리량에 눌려
몽롱해진 금요일
우리가 사랑하는 사람에게는
우리가 품고 있는 가장 좋은 언어를
곱게 다듬어서 건네 보자.

거칠 대로 거칠어진 풍파(風波)를 뚫어내고
그 사람의 고운 손에
따뜻한 위로가 닿을 때까지.

지우개

그는
깨끗한 세상을 꿈꾸는 자
그의 꿈은
지우는 것이 아니라
새롭게 쓰기 위한 것이다.

여리고 각진 몸으로
마땅히 지워내야 할 것들을 지워낼 때마다
자잘이 바스러지는 몸
깨끗한 세상을 찾아가는 동안
그이도 모가 닳는다.

그이가 꿈꾸는 세상은
둥근 세상일 뿐,

그는 이따금
연필 꼭대기에 올라앉아
존재를 종례하고
다시

기다림을 부활하는
이율배반(二律背反) 실천하다.

차곡차곡

굽은 길도 있어야지
자갈 깔린 길도 물론 있어야 하고.
때론 물에 잠겨 보이지 않는 길도 있을 수 있고
태풍 속을 헤치기도 하지 않을까?
꽃길만 걸으면
누구인들 살아내지 못하겠는가?
한꺼번에 단 한 번
딱 한 걸음 떼었을 뿐인데
벌써 향기에 취할 수 있다면
시간도
인연(因緣)도
어떻게 익어갈 수 있겠는가?

사람이 사람에게 가는 길은
결코 만만하지가 않아.
하여,
얇지만 한 겹 사랑
다시 한 겹 눈물
또 한 겹 웃음
그 위에 관심 한 겹, 한 겹

시간을 맞이하고 또 흘려보내며 차곡차곡
차곡차곡 쌓아가자.

시간이 쌓이는 줄은 알아채기 어렵지만
돌아보면,
마음의 키를 훌쩍 넘어서 있다.

초등학교 동창회

오 학년 때,
전학 가던 날
그렁그렁 눈물 매달고
교실을 나서서 집으로 가다
무성한 포플러 밑에서 터진 울음
지근지근 밟아 걷다가
아카시아 나무 그늘에 웅크리고 앉아
두 주먹으로 훔쳐내던
아련한 눈물이 아직도 흥건한 건
그리움에 점령당한 무의식일 거다.

그런 사연에
졸업도 못 한 초등학교 동창회,
불러 준 친구들 고마워 부끄럼 무릅쓰고 나갔다.
열두 살
좁은 세상에서 어깨를 스쳤던 친구들이
넓디넓은 세상에서 모여들었다.
삼십오 년 세월의 강 훌쩍 타 넘어
텁텁한 음성으로 다가오는
친구라고 부르기에도 아까운 동무들.

〈
살아가기 버거워
제 한 몸 일으켜 세우기 힘겨워
세파에 시달린 고단한 항해 끝에 잃어버린 추억을
이제
갈빗집 따뜻한 방바닥에 나뒹구는
친구들 웃음소리로 줍는다.

콩콩콩

와르륵
교실 문을 살짝 열면
와그르르
콩 한 부대 쏟아진다.

살짝 연 문틈으로
손 내밀어 팔뚝까지 들이밀면
재잘거리던 목소리들이 금세,
환호로 바뀐다.

'손(手)님'이 오셨다.

싱글벙글 들어 선 교실,
복도 쪽 뒤에서 세 번째 자리에서
예지가 콩,
교실 한가운데 맨 앞자리에서
시은이가 콩,
뒤쪽 구석진 자리에서 잠깐 졸던
민영이가 콩콩,
은영이도 덩달아 콩콩콩,

〈
12번 아영이가 스무고갤 하는데
힌트 달라고, 귀띔 달라고
콩 볶는 연주 목소리

여기는 콩밭
땡글땡글한 마음들이
콩콩 튀어 다니는
안일중학교 1학년 9반

수업이 열릴 때마다.
내 가슴도 콩콩콩
내 마음은 이미 콩밭콩밭콩밭.

- 안일중학교 1학년 9반 학생들과 공동창작

툭

툭
퉁겨나가
날줄 씨줄로 맺은
인연을 끊어버리면
삶도 죽음도 허공에서
푸르게 웃는다.

툭툭
지면에 닿았던 자리를 털어
먼지 하나 지니지 말고
땅딸막한 삶은
햇살을 타고
훌쩍 날아올라라.

툭툭툭
가시투성이 집 옹송그리던
알밤 삼 형제
지상에 부딪는 세 박자
떨어짐으로
기름진 흙속

떨어짐으로
오롯한 생명으로의 진화

그저 툭하면 툭툭하고 또 툭툭툭 하면 될 일이다.

행복(幸福)

행복하기를 원한다면
서로 먼저 사랑하세요.
사랑은
동그란 자갈 굴리며
그 사람 향해 흘러가는 시내처럼 맑은 마음,
그러나 행복하기 위해 사랑하지 말고
흐를수록 깊어만 가는 강물처럼
서로 먼저 사랑하세요.

사랑하기를 원한다면
서로 먼저 존중하세요.
그 사람의 산이 되어주고,
그 사람의 바다가 되어주세요.
산이 바다에 기슭을 대고
바다는 산을 물빛으로 담아
아름다운 풍경을 그려내듯,
사랑하기 원한다면
서로 먼저 존중하세요.

존중하기를 원한다면

서로 먼저 이해하세요.
이해는
그 사람보다 살짝 낮춘 어깨너머로
어둠을 햇살처럼 끌어안아 밝히는 것,
그 사람의 가장 낮은 마음을
깨끗이 닦아 주는 희생으로
서로 먼저 이해하면
그림자까지 믿음직합니다.

이해하기를 원한다면
서로 먼저 믿어주세요.
바람이 몰고 다니는 소리에
귀 기울이지 말고
진실한 마음속에서
따뜻하게 데워진 말로 속삭일 것이며
그 속삭임 담아
서로 먼저 믿어주는 마음이
두 사람을 이해의 그늘에서 쉬게 할 것입니다.

향적봉(香積峰)

흙에서 흙으로 이어진 산행은
정상에서야 거친 바위로 끝을 맺는다.
올라갈수록 좁아지는 세상
들꽃들이 낮은 자세로 피워 올린
향기에 취한 봉우리
자신을 다스려 세운 엄정한 높이
그곳에서 만난
고추잠자리,
헤아릴 수 없는 고추잠자리
높은 곳에서도 더 높이 날아야 하는
간절한 비행(飛行).

정상에서 내려다보니
향적봉은
내려갈수록 치마를 넓게 펼치고
구천동 골짜기마다
구부정한 등성이마다
생명을 넉넉하게 품어
비로소 산이 된다.
산 자의 몫으로 아낌없이 내어주는

덕유산이 된다.

올라갈수록
자신에겐 첨예(尖銳)하고
내려갈수록
사람들에겐 관대하기만 한 당신.

혹은 *潭潭*, 혹은 *淡淡* 그리고 잔잔(*潺潺*)

속 깊은 담담(*潭潭*)
해맑은 담담(*淡淡*)
그리고, 잔잔(*潺潺*).

잔잔은
형상을 담을 수 있다.
흐름에 빠지면
형상은 부서진다.
빨라야 한다는 망상이
담아낼 수 없도록 세상을 재촉한다.

골짜기 타고 내려오며
이리저리 부딪던 바위들의
아우성치던 검은 얼굴도
마침내
잔잔한 호수에 닿아
깊이를 가지면,
맑은 얼굴로
정겨운 모습으로 담을 수 있다.

오늘의 상선약수(上善若水)

혹은 담담(潭潭)
혹은 담담(淡淡)
그리고 잔잔(潺潺).

연필(鉛筆)

나는 알고 있었다.
내 안에 시커먼 내가 있음을
아니, 매 순간(瞬間) 그 어둠을
싸 덮고 살아왔음을,

하지만,
지금껏 내팽개친 적 없다.
닳으면 다시 깎고
무뎌지면 벼리어
늘 예민(銳敏)한 끝은
언어(言語)가 되고,
심(心)이 되고
때론 단단한 믿음이 되었다.
검게 그을린 시간의 도화선(導火線).

다만,
매일매일
새로 깎여지기만 기도한다.

흐린 눈으로 세상 보기

불혹(不惑) 고개 반쯤 넘어
천명(天命) 가는 길목에서
세상이 갑자기 흐려진다.
고갯마루에 철퍼덕 앉아
흐린 눈 비비다가
세월이 덧없어
긴 한숨 내쉬다가
흐린 눈 비비다가
문득
사랑하는 이의 나잇살,
흐트러지는 얼굴,
통통 불어오는 배 둘레 살,
에
밝은 눈 들이대는
선명한 절망이
벼락 친다.

나그네 인생길,
천명(天命)에 이르면
하늘 뜻 좇아
흐린 눈으로 세상을 보자.

각(覺), 소(笑)

간화선(看話禪)

온 마음을 다 쏟아도 된다.
하지만
집착(執着)에 집착(執着)하진 말자
집착(執着)은 반드시 번뇌(煩惱)로 간다.
누구든 누구에게 매달린 마음은
자신의 두 발로 디디고 서지 못함으로
존재와 의지의 이율배반(二律背反)을 겪는다,
염화(拈華)의 미소(微笑)마저 빛을 잃는다.
가장 나중 것으로 살자.
다지고 다진 것으로,
던지고 던져
더 이상 던질 게 없는 손으로 살자.
그 손을 잡아 준 사람에게는
온몸을 다 기울여도 된다.
그렇게
살아갈 일이다.
말보다 앞선 언어 이전의 것
오늘의 화두(話頭).

까마중

뒷문 현관 옆에 다소곳이 자리 잡고
들락날락
출근하는 길에 인사하고
퇴근길에 돌보던 녀석이
갑자기 사라졌다.
나날마다 사진으로 찍어 간직했기에
그 모습 볼 수 있지만
동그랗게 영글어
까맣게 익기만을 기다리던 기대가,
동글동글 귀여운 열매들이,
뿌리째 뽑혀 던져진 것이다.

내겐 소중한 것이었는데
누구에게는 잡초였나보다.

오늘 아침 출근길에 문득
까마중 살던 자리 근처에
동그랗게 머리 올린
민들레 하얀 홀씨가 보인다. 이 녀석도
된바람 불어오면 산산이 흩어지겠지,

산산이 흩어지겠지,
까마중과 민들레,
오늘 아침의 화두(話頭).

난독증(難讀症)

어느 날 갑자기
세상을 보던 행간에 글자가 사라졌다.
사람과 사람 사이
도대체가 보이는 게 없어
입술에 철자 하나 올릴 수 없다.

어느 날 갑자기
사람과 사람 사이
징검징검 놓아주던 언어들이
퍽퍽 날아와 가슴에 박힌 뒤로
더 이상
세상이 보이지 않는다.
묵직한 언어암(言語癌)
하필이면
눈가로 번져
세상을 읽지 못하다

보이는 것보다
보이지 않는 것들이 소중해지는 건
위태로운 증상(症狀)인데

세상을 읽지 못한 얄팍한 지성(知性)
물기 마른 세상에서
헐떡헐떡 아가미질 한다.

뒤숭숭 숭숭뒤

대야가 열 개나 되니
잠을 자도 피곤한가 보다.
까무룩 꿈결에
누구 누군가와 모여
뭔가를 먹고
계산하기 위해 지갑을 찾느라,
어딘가에 주차한 차를 찾느라,
밤새 찾아지지 않는 차를 찾아 헤매는
뒤가 숭숭한 꿈을 꾸고
끝내 계산되지 못한
마지막 꿈 자락 때문에 숭숭뒤 하다.
무엇인가 해야만 된다.
기어이 해야 하겠다는 마음
그것이 집착(執着)스러웠다.
어둠 속에서
찾을 수 없는 것들을 찾기 위해
섬세한 감각을 돋아 세우며
헤매던 미로(迷路)와
뒤숭숭한 꿈 끝자락이 만나
한여름 밤이 조금 슬펐다.

못된 모기, 안된 모기

출근하려고 차에 올랐는데
눈앞에 애~앵
밤 발목을 괴롭히던 고 녀석이 비행(飛行)한다.
가만히 앉아 살펴보니
못된 모기 세 마리다.
그냥 둘 수가 없다.
비행(非行)을 응징하려면
요 녀석의 비행(飛行)을 멈추게 해야 한다.
평소 잘 잡지 못하지만
온 신경 집중하다.
마침내 앞 유리에서 한 놈,
유리와 지붕이 만나는 지점에서 손가락으로 한 놈,
나머지 한 놈은 몇 번의 시도 끝에
비행(飛行) 중 낚아채기로,
응징(膺懲) 완성.
널브러진 보습을 보니
너도 참 안된 모기다.
살 자릴 보고 침을 꽂았어야지.

백남준 특별 전시회를 보고

우스꽝스러운 피아노 위에
제멋대로 움직이는 화면,
한참 동안 못 박혀
존 케이지를 위한 퍼포먼슬 보다가
세상에 대한 자잘한 부정(否定)
사소한 몸부림이 징을 울린다.
피아노를 부수는 망치는
또 다른 우주
이미,
피아노가 피아노가 아닌 것처럼
망치도 망치가 아니다.
순수의 비밀을 맛본 사람은
세상을 향해 망치를 들지도 모른다.
망치야
자유의 발목을 잡거든
사랑이라도 부수라
행복이라도 부수라.

그는
네모난 세상을 부수면서

부서진 세상을 꿈꾸었을까?
부서진 세상 다음을 꿈꾸었을까?

보리 위로 걷고 싶다

보리밭 사이로 난
길을 지나다
문득
누렇게 익어가는 보리 수염
그 위로 걷고 싶다는
생각에 자지러진다.
차에서 내린다.
구두를 벗고
양말도 벗고
중력의 법칙도 벗고
두 팔을 벌려 바람을 타고
가볍게 보리 수염 위로 올라서서
맨발로 허위허위 걷다 보면
맨발을 간질이는
까끌까끌한 보리 수염이
발바닥 콕콕 찔러대며 따끔한 충고를 건넨다.
가볍게
바람만큼 가볍게
가볍게 세상을 살아라.
끌어안지 못할 시간

네 속으로 감춰주지 못할 사랑
품으려 하지 말아라.
그 울림이
발끝에서 척추를 타고 올라
전신에 쫙 퍼질 때.
보리수염 위에서
찰나(刹那)와 겁(怯)이 뛰놀고 있다.

봉수산

세밑에 간신히 걸려
찾아간 봉수산
봉곡사 에둘러 샛길로 오른 산행
낙엽 깔린 오솔길
바스락바스락 마른 웃음으로 맞이하는
발걸음 보시(布施)
햇살이 데워놓은 베틀 바위 기어오르니
세상 참 조용하데,
오가는 사람 없으니 참 조용한 세상이 열리데,
이따금
바람조차 조용히 불어오면
마른 나뭇잎
대롱대롱 매달린 가지에 제 몸 부딪는 소리만
달그락달그락
베틀 바위에 앉아 그 소리 듣다가
웃음소리 들었네
산이 웃는 소릴 처음 들었네.

사랑은 사람을 넘을 수 없다

돈오(頓悟)
뜬구름 잡아 주머니에 넣고
자기조차 영원하지 않을 사람이
영원할 것이라 베푸는 해설픈 선심(禪心).

점수(漸修)
맨눈으로 태양을 보다.
제대로 바라보지도 못한 채
타들어 가는 동공(瞳孔).

각성(覺醒)
사람을 보다.
달콤한 바람 속 꽃 보다.
거세찬 태풍 앞에 서서
자신을 지켜내고
마침내 당신까지 지켜주는
한 그루 나무 같은
사람을 보다.

사랑은 사람을 넘을 수 없다.

산

어제
비로소 문득 보았다.
지상의 모든 들은
가장 편한 자세로
하늘을 바라보며
누웠다는 것을,
능선이 능선을 만나
나란한 선(線)으로 흐르다
봉우리로 맺힌
대지의 니르바나(涅槃).

오르지 않고
멀리 산을 보는 것만으로도
숨 가쁜 사람아
언제쯤
마음을 내려놓으려는가?
높지만 곧추세우지 않고
누워서 하늘을 보는
저 산처럼.
〈

산을 오를 때
팍팍한 가슴은
언제나
사람들의 것이지
산은 조용한 침묵 가운데
하늘을 보고 누웠을 뿐이다.

석두(石頭)

많은 것들을
기억하지 못해서 그냥
잊고 살아간다.
내 머리는 나빠서
사랑도 잊었고
기쁨도 잊었다.
슬픔은 물론이다.
때때로 살아 있는 것조차 잊어버린다.
그래서 행복하다.

이제야 나는
세월을 잊고 살아가는 사람
석두(石頭)가 되었다.
세상에 기억하지 못하는 것들이
많으면 많을수록 행복해지는 세상에
그런 세상에
살고 있다.

잊고 사는 것이 어디 이뿐이랴
내 머리는 지독하게 나빠서

머리카락 만들어내는 것도 잊었다.
하하하
그래 나는 소갈머리가 없다.

바다 1

바다는 늘 받아서
바다가 된다.

생각조차 할 수 없는
위대한 수용
가림 없이 받아 내고도
저리 넓은 것이
바다 말고 또 무엇이랴?
지구를 고요히,
고요히 정화하는
생명의 원액

나는
조그만 사람 하나 받지 못해
자꾸만 튕기기만 하는데
용서도 인내도
모두
바다에 배울 일이다.

바다는 늘 받아서
바다가 된다.

엉덩방아

눈은 먼저 가 있고
팔은 번쩍 들렸는데
몸뚱이를 배신한 발이 그만
바닥에 끌렸다.
관성(慣性)이란 녀석 때문에
몸이 휙 던져졌는데
어안이 벙벙한 사이 엉덩방아 찧다.
창피, 아니 챙피해서 벌떡 일어나
아무렇지도 않은 듯 파리채 휘둘렀지만
의지를 배반한 다리의 죄과를
꼬리뼈가 받고 있다.
양방(洋方) 병원에서 근육이완 주사 맞고
한방(韓方) 병원에서 침 맞고
물리치료 받고
부항 뜨고
엉덩이 바늘로 콕콕 찔러서
피까지 살뜰히 빼냈다.
묵직한 기운이 엉덩이 허리 언저리
진을 치고 있는데
회복 속도가 점점 떨어지니
당분간 데리고 살아야겠다.

운해(雲海)

천왕봉에서
산으로 올라간 바다를 보았다.
겨드랑이마다 첩첩스레 스며들어
마침내 꿈꾸는 산 끌어안아
무성한 이야기로 피워낸 구름바다.
내가 본 것은 바다 밑으로 들어간 산이었다.

한여름 햇살 받아 꾸벅꾸벅 졸다 증발한
나무의 꿈,
나무 그늘에서 몸뚱이 꼼지락 이던
애벌레 땀방울
바람의 속삭임에 귀 세워
작은 물 알갱이 되어 모락모락 피어올라 나선 길
끝에 만나는 운해(雲海).

운해(雲海)는
제 몸 이룬 것 떠나지 않고
끌어안고 끌어안아
제 몸보다 더 무거운 울음 달고
짧은 생애 차마 뜨지 못하는 매미에게 한 모금

매미에게 등 내어준 나무에 또 한 모금
꼼지락거리는 어설픈 몸매의 애벌레에게도 한 모금
한 모금, 한 모금씩
살아갈 생기를 나눠준다.

카프카 불러내기

난
솔직하게 말해
카프카가 어떤 사람인지 모른다.
근데,
어느 아침 문득 눈을 떴는데
내 몸이 벌레가 되어 있을 때,
카프카가 누군지 모르지만 불러내도 좋다.
하지만 꼭 불러내야 하는 건 아니다.
낯선 땅에서 벌레로 변한 나에게
카프카는 찾아오지 않을 것이다.
하여
벌레일 때는
벌레로 살 수밖에 없다.
바닥을 핥아 목에 먼지가 끼어도
땅에 고인 찬 기운 온몸으로 밀고 다녀도
오지 않을 카프카는 고대하지 말자.

벌레로 살면 어떤가?
차라리
변태를 기다리며

텁텁한 게으름 목에 올리면서
갑옷 깁는 번데기 되었다가.
마침내
푸석거리는 가죽옷 헤집고
날개옷 세상에 선보일
벌레로 살아가는 것도
그리 나쁘지 않을 것이다.

태만(怠慢)

오늘은
없앴다.

눈 감은 채 보낸 아침

아점 먹고
알약 먹는 것 거른 채
몸뚱이는 침대에 던져두고
손가락은 옥수수 낱알 뜯어 입으로 옮기기 시작했다.
눈은 새로 산 텔레비전에 붙여놓고,
발은 신발 한 번 꿰지 않았다.
그래도 마려운 똥은 한 번 쌌다.
애련에 절어버린 심장은 랩으로 겹겹이 씌운 다음
락엔락에 담아 냉동실에 넣어 둔다.
뒷목 근처 덜렁대는
요 녀석도 잠시 떼어내 차가운 욕조에 담그면,
마지막 남은 그놈마저 맥을 놓는다.

그러는 사이
그분은

아파트 베란다를 기웃거리다.
붉은 웃음을 남기고 가 버리셨다.

세상으로부터 떼어낸 일상.
완전한 해체(解體)
의식에서 나를 없앤 오늘.

한라설화(漢拏雪花)

산이 있다.
눈꽃이 피었는데
그것은 웅장한 울음이다.
산이 운다면 저렇게 울 것이다.

하늘로 오르던 땅의 숨결이
마지막 절정에 빠져
올라갈수록 창백한 세상,
신들이 떠난 섬에 홀로 솟은 한라산
백록(白鹿)은 꽁꽁 언 발굽으로
가파른 호수의 벽을 두드리는데
하얗게 차려입은 바람이 노래를 부른다.
영혼을 건드리는
깃털처럼 가벼운 소리로,
산을 오르는 모든 자를 위한 노래

가쁜 숨을 몰아 뒤돌아본
산등성이에
구름은 세상을 덮고,
햇살이 헤집고 노니는 틈새로

바다가 보인다.
눈물처럼 반짝이는 바다.

백록담 고인 물, 바다를 향해
눈꽃으로 울어버린 한라에서
내 마음은 아직도 내려오지 않았다.

은행목

잘린 머리로도 살 수 있다.
야생의 꿈 저버린 지 오래
성장의 고통 잊은 지 오래
주인이 생긴 것이다.
주는 대로 먹고
붓는 대로 마실 뿐
발을 길게 뻗어
벗어나갈 이유가 없다.

어느 날,
유리창 가까이 양지 바른쪽으로
쏟아지는 햇살에 가둬놓고
주인이 외출했다.
그리고,
긴 건기(乾期)가 온다.
점점 발끝이 저려온다.
말라비틀어진 햇살이 유리창을 긁는다.
따뜻한 온기에
온몸이 딱딱하게 굳어가면서도
따뜻한 온기에
기대어 졸고 있다.

향일성(向日性)

고개를 높이 들고 싶어서
더 낮은 곳으로 내려간다.
눈꺼풀조차 들어 올릴 수 없는 피곤함에
핏기 사라진 오후가 되면
갈라진 피부 틈새를 어루만지던 빛이
가루, 가루가 되어 호흡기로 몰려든다.
빛을 뱉어내는 기침은 늘 힘겨워
먼 산에 자욱한 노을 바라보다
입가에 담은 허탈한 웃음,
하얗게 차려입은 언어의 끝을 붙잡고
끝없이 밀려오는 지독한 땅거미.

다만 나는
고개를 더 높이 들고 싶을 뿐이다.
빛나는 태양을 맨눈으로 보고 싶을 뿐이다.
나의 시력(視力)이
빛으로 태워진다 하더라도
나의 시력(詩力)이
가루가루로 흩어진다 하더라도
향일성(向日性)이 실존이다.

꿈

과거에서 가져온 것일까?
미래에서 빌려온 것일까?

꾼 것은 맞는데,

내가 꾸미는 것일까?
내가 모르는 내가 꾸미는 것일까?
의식(意識)이 통제(統制)할 수 있을까?
의식(意識)이 통제(統制)당하는 것인가?

어젯밤 꿈,
리비도(Libido)의 응신(應身).

사랑도 사람의 일이라
욕망(慾望)과 배려(配慮) 사이
시이소오, 시이소오
꿈에서조차 그네를 탄다.

개굴개굴

어젯밤
당신이 좋아라하는
개구리울음 소릴 들으러
들판에 나갔지.
개굴 개굴개굴 개굴
당신이 좋아라하는 개구리 소리에 취해
논둑에 한참이나 앉은 채
당신 속으로 속으로 기어들어 가는
봄날 밤.

개구리 울음소리
그리고, 당신의 사랑
꼬옥 끌어안고 자리에 들어
행복한 꿈 나들이 다녀온 아침
아욱국에 밥 말아 먹고
열어젖혀 나아가는 세상
오늘도 당신과 함께 있어
내 가슴은
개굴 개굴개굴 개굴
뛰놀 것이오.

- 한인숙

　시인의 '개굴개굴'은 당신이라는 대상을 통해 그리움을 그려내고 있다. 내가 좋아하는 소리가 아닌 당신이 좋아하는 소리를 찾고 들으려 논둑에 나가 한참을 앉은 채 개구리 소리에 취한다. 누군가를 그리워한다는 것은 사랑이고 추억이다. 우리를 살고 견디게 하는 힘이기도 하다. 개구리는 유년의 기억으로 상징된다. 물론 지금도 무논이나 웅덩이 등 물이 고여 있는 곳에서 듣는 소리이기는 하지만 성장기를 대변하는 과정이기도 하다.

　시인이 개구리 울음소리와 당신의 사랑을 끌어안고 꿈 나들이를 다녀온 아침이라고 말한 것으로 보아 당신이 누굴까 궁금하지만, 그것은 중요하지 않다. 다만 사랑하는 당신이 정성으로 끓여준 아욱국에 밥 말아 먹고 힘차게 세상으로 나갈 수 있다는 것이 중할 뿐이다. 세상의 모든 사람들은 그 음식에 힘을 얻어 험한 세상에서 힘차게 살아나갈 힘을 얻는 것이다

　개구리는 개굴개굴 소리로 자신의 존재를 노래하고 시인은 그 개굴개굴 소리를 좋아라하던 당신을 찾아 당신 속으로 들어간다. 귀밑머리 희끗한 시인이 오늘도 당신과 함께 있어 내 가슴은 개굴개굴개굴 뛰놀 것이라고 말하는 것은 얼마나 아름다운 회상인가.

　그 순하고 맑은소리와 그 맑음을 그리움으로 승화하면서 생명의 근원이 되는 봄날 밤을 노래한 시인은 분명 선하고 착한 사람임이 틀림없다. 장기혁 시인의 개굴개굴은 사랑 시이며 사모의 시이다. 소리

를 통해 행복했던 봄날 한때를 소환하고 꿈속까지 이끌고 와 행복한 순간을 소환하면서 힘차게 살아갈 힘을, 사랑과 긍정의 힘을 노래하고 있다.

공생(共生)

침대에 누워
비스듬히 올려다본 끄트머리에
벽걸이 시계가 암벽을 탄다.
시침과 분침 사이를 헤집고
바쁘게 우주를 도는 녀석
날씬한 몸매로
정확하게 1분에 한 바퀴씩 돈다.
그 아래 시커먼 두 놈
한 시간에 한 바퀴 도는 놈이랑
하루에 두 바퀴만 도는 통통한 놈하고는
급이 다르다.
그래도
그런 녀석들하고도
같이 살아야 하지 않겠는가?
부지런히 뛰어도
그 녀석들의 게으름이 없다면
분주함의 의미도 사라질 테니까.

-박미자

　참 긴 시간 동안 시계추처럼 쉬지 않고 꾸준하게 교육의 현장을 지켜오신 선생님.
　정해진 규율 속에서 정확한 시간마다 종소리를 들으며, 책임감과 사명감으로 속도를 맞춰오느라 얼마나 애쓰셨을까요? 그 안엔 젊은 날들 총총하였을 것이고, 때로는 느슨해지려는 자신을 다독이면서 여기까지 부지런히 달려오셨을 테지요.
　초침으로 뛰다가 분침으로 걷기도 하고 한 발짝 뒤에서 밀어주며 보조 맞춰가는 시침처럼, 많은 사람과 사연이 공존했을 세월, 희로애락이 모두 녹아있을 귀한 시간이었겠습니다.
　그래요. 시간은 또 여전히 돌고 돌겠지요. 서로 손잡고 가는 시계침과 같이 지금껏 열심히 살아오신 것처럼, 인생 후반전에도 좋은 사람들과 단단해진 믿음으로 더욱 아름다운 동행을 이어가시고, 이제는 느긋함도 한껏 즐기는 여유한 삶이 되시길 바랍니다.
　그동안 수고 많으셨습니다. 감사의 박수와 앞으로의 활동에도 응원 드립니다. 건강하세요.

김장 김치를 썰며

김치냉장고를 연다.

차곡차곡 쌓인 반으로 잘린 생애
된바람 몰려오던 날
하얀 속살 절임 당한 채,
가랑이 들추고 붉은 속 욱여넣어 맨 옹첩.
초겨울 부둥켜안아,
침묵(沈默)으로 발효시킨
손끝이 시리도록 차가운 몸
시큰한 감촉으로 네 몸을 모아 잡는다.
도마를 받치고
예리한 식도 지그시 누르면,
자그락자그락 몸을 나누며
붉은 물 짠하게 흘린다.
잘리고, 절리고, 부끄럼 당해 이룩한 거룩한 맛에
주문 걸린 미각(味覺).
숨구멍 하나 없는 캄캄한 어둠 속에서
생채기 통째
곰삭은 맛으로 발효시킨,
발효시킨 몸을 칼날 아래 누이고도

사람의 입맛을 생각하는
이름 모를 배추의 넋,

기특한
김장 김치를 썰며
겨울도 썰어 낸다.

-황순옥

한 계절의 넉넉함은 김장 김치를 담그며 시작되기도 한다. 잘리고 절임 당하고 오랜 시간 침묵이 필요한 김장 김치 손끝이 시리도록 시큰한 감촉으로 발효된 김장 김치를 닮은 오로지 한길만 걸어오며 아이들을 위한 가르침의 항아리에서 오랜 침묵과 기다림과 희생으로 곰삭은 맛으로 발효시킨 깊은 맛이 나는 오늘의 시인의 삶을 보는 듯하다

발효시킨 몸을 칼날 아래 누이고도 사람의 입맛을 생각하는 이름 모를 배추의 넋, 모두가 무심히 김치를 먹을 때 고마움을 잊지 않는 시인의 따뜻한 마음이 느껴진다.

시를 읽으며 김치냉장고도 고무장갑도 없던 그 시절이 그리워진다 우리 집 김장하는 날은 유난히도 추웠다. 살얼음이 얼었고 흰 눈이 펑펑 쏟아지던 날도 많았다. 동네 아줌마들의 수다와 함께 버무려진 김장 김치. 김장하는 날은 잔칫날처럼 북적여서 참 좋았다. 시인에게는 늘 새콤하고 감칠맛 나는 맛이 있다. 오늘 나도 시인의 시처럼 겨울을 썰어봐야겠다.

달초(撻楚)

아버지 앞에
바짓가랑이 무릎까지 걷고
부들부들 부끄러운 종아리로 선다.
벗들과 옹기종기 빠져버린
신기한 화투(花鬪) 숫자,
예쁜 그림에 1월부터 12월까지
숫자를 모아 세 장으로 10을 만들고, 20을 만들고
나머지 두 장으로 매겨지던 이상한 족보
삼팔광땡에서 삼팔따라지 그리고 퍽!!!
손목을 붙잡고 손가락 두 개로 때리던 놀이
어찌나 재밌던지,
저절로 빠져들었던 국민학교 사학년.
어린 벗들과 동네 형, 그리고 호기심덩어리 하나
그렇게 작은 방에서 숨죽이던 짜릿한 쾌감(快感)

하지만,
아버지는 아직 어린 나에게 회초릴 들었다.
그것이 지금은 손목을 때리지만
전(錢)을 걸고,
전(田)을 걸고,

결국에는 생(生)을 걸게 된 것이라는
아버지의 엄중한 지혜(智惠) 앞에
조마조마 떨리는 작은 마음이
가느란 종아리 내놓고 달초(撻楚)를 받는다.

지금도
가끔 운전대를 잡으면
쭉쭉팔 짓고 오땡!
쏙쏙 들어오는 숫자를 따라
아버지의 달초(撻楚)가 종아리에 따끔거린다.
그리고 그 종아리에,
아버지를 느낄 수 있어 다행이다.
이따금 따끔따끔 행복하다.

- 최재영

　당신은 신산(辛酸)스러운 세상을 살았지만 자녀 양육(養育)에 대한 신념과 단호한 가치관을 중히 여기시는 아버지, 우리에게는 그러한 명예로운 아버지가 계셨다. 자식 교육에 엄하셨던 부모님이 계시기에 우리는 모두 지금의 자리에 서 있다. 보통의 위대한 아버지들로 세상은 영속(永續)되어지는 것이 아닌가? 여기 시인의 아버지 또한 도락(道樂)의 재미에 빠진 어린 아들을 호되게 매질하며 더 쓰라렸을 당신의 가슴을 쳤을 것이다.
　시인은 어린 시절 동네 형들 틈에서 화투를 배웠던 모양이다. 어른들이 어느 집 사랑방에 모여앉아 길고 긴 겨울밤을 하얗게 새우며 하는 그 놀이, 놀이가 놀음이 되고 도박이 되고 가산까지 탕진하여 패가망신(敗家亡身)하게 하는 무섭도록 흥미로운 유희(遊戲)를 어린 시인은 얼마나 호기심에 찬 눈으로 곁눈질을 했을 것인가. 원래 못된 것들은 재빠르게 습득하는 게 인간 본연의 습성이리니. 더구나 어른들 몰래 숨죽이며 하는 놀이는 얼마나 짜릿했으랴. 들켜버린 순간 아마 당시에는 두고두고 못내 아쉬웠으리라. 손목을 내걸다가, 돈 내기를 하고 점점 판이 커지면 밭도 걸고 집도 걸고 혹자들은 마누라까지 내놓는 무지막지한 짓들을 할 정도로 짜릿하다던데…….
　다행스럽게도 시인은 그렇게 되기 전에 현명한 아버지의 매서운 회초리로 악마의 소굴로 갈 뻔 했을지도 모를 기회(?)를 접게 되었음을 고백한다. 평소 성실의 아이콘일 듯한 반듯한 시인의 면모로 봐서는 전혀 상상이 되지 않지만 말이다. 그래서 시(詩)는 부끄러운 고백이 되는 것일지도 모른다.

  시인이 읽기 편한 언어로 풀어 준 아버지의 가르침이 맘에 차 온다. 작금(昨今)의 교육 현실에서 부모의 역할이 자꾸 축소되는 안타까운 모습을 돌아보며 자식 올바르게 키우는 것이 생의 가장 큰 보람이었을 우리 모두의 아버지를 생각한다. 가능하다면 시인의 그날처럼 기꺼이 아버지의 달초(撻楚)를 달게 받고 싶은 오늘이다. 반의지희(斑依之戱)라도 할 수 있으면 좋으련만 안타까움만 마음에 흐른다.

답안지

서슬 퍼런 시험 시간
침묵은 소리를 빨고
어미 없이 살아온 어린 영혼
답안지 관통하는 고속도로
햇살 부서지는 창가에서
빠른 속도로 건설한다.
유년의 상처를 덧칠하는
서슬 퍼런 시험 시간.

시작종 울리자마자
누구보다 먼저 작성한 답안지
아무도 훔쳐보지 않는데
동그랗게 입 벌린 오답의 함정으로
점점이 떨어지는
검은 눈물 방울방울.

훗날,
세상은 아이에게
또 다른 삶의 답안지를 요구할 텐데
그때는

아이의 답안지에 날개가 달려
여기저기 날아다니는
모범 답안 되었으면
좋겠다. 좋겠다.

- 이태동

  인생의 정답은 자신만이 안다. 시인은 가정에서 돌봄 받지 못하고 방치된 아이의 시험 답안지를 통해 그 아이의 안타까운 삶을 긍휼(矜恤)해 하고 있다. 훗날 아이가 성장했을 때 "세상은 아이에게 또 다른 삶의 답안지를 요구할 텐데" 그때는 아이가 잘 성장해서 사회의 구성원 중 하나로 잘살았으면 좋겠다는 교육자의 마음을 보여준다.

  사람은 누구나 시행착오를 겪으며 성장한다. 뜨거운 격려가 필요했던 시절, 시험 볼 때는 특히 혼란스러웠을 것이다. 인간애가 숨 쉬어야 할 교실(敎室)에 지나친 경쟁과 평가로 물들이면 도전과 창의보다 불신과 부정, 실망이 꿈틀거리게 된다. 고속도로를 건설한다는 것은 한 줄로 중앙선 그리듯 3번 답안에 마킹하는 것, 그래서 검은 눈물처럼 보이는 것이다. 하지만 필자도 오랜 시간 초등학교에서 근무한 경험으로 보아 공부를 좀 못하더라도 사회적으로 성공한 제자들이 참 많다. 그 아이도 돌봄 받지 못한 유년의 상처를 잘 이겨내고 성공적인 답안지를 써가는 시간이 오기를 간절히 바라고 있을 것이다. 시인은 그래서 교육자이다.

맨손으로 사과 쪼개기

히히덕거리며, 이야기 나누다가
'맨손으로 사과를 반으로 자르면 연애를 잘한다.'는 말에 시비 걸다.

소시적(少時的), 거울 앞에서 애꿎은 사과 쥐고 얼마나 많은 에너지를 낭비했던가? 쪼개지지 않는 사과 원망하며 연애 못 할 거란 비참에 사로잡히면서 궁금했다. 그 이유가. 사과를 잘 쪼개는 것하고 연애를 잘하는 것이, 도대체 무슨 상관이 있느냐고 사방팔방 물어보았다.

박력 있게 자르는 모습이 멋있다는 원초적 말부터 꽉 잡은 사랑 결코 놓지 않겠다는 우악스러운 손아귀의 다짐이 믿음직하다는 생각, 완벽한 사랑을 깨뜨리는 즐거움이 느껴진다는 우답(愚答)엔 에덴의 금기를 깨뜨리는 쾌감까지 더해진다. 쪼개면 나누어 줄 것이란 기대로 가득 찬 배곯던 시절의 풍설(風說)도 들리고. 어떤 섬세한 이는 아작 갈라지는 소리에 마음이 열린다는 말도 한다.

그러나, 이 대목에서 가장 마음 짠한 건, 쪼개지는 사과가 철저하게 외면당하고 있다는 거다. 철없는 연애의 완성도를 높이기 위해 두 손 밑 아귀 잡힌 가슴, 쫘악 반으로 잘려 속살까지 드러내야 하는, 정녕, 사랑이란 반으로 나누어진 다음에야 찾아오는 어눌한 감정인 것을…. 세상에 자신의 몸을 쪼개 보여주는 사과의, 반쪽으로 갈라서서 마주 보아야 하는 새까만 두 눈이 반짝이는 걸 보아야 한다.

- 이용우

  모든 것이 시가 되나 모든 것이 시가 아니라는 명제를 생각할 때 맨손으로 사과 쪼개기는 시가 된 모든 것 중 하나가 되었다. '맨손으로 사과를 잘 쪼개면 연애를 잘한다.'라는 풍설(風說)은 언제부터 내려온 것일까? 나는 시인이 열거한 것 중 배곯던 시절 쪼개면 나누어줄 것이라는 풍설에 한 표 던지고 싶다. 나눔을 이야기하면서 녹명(鹿鳴)*이라는 단어가 떠올랐다면 지나친 비약일까? 시인은 발상을 전환한다. 사과를 쪼개며 희희덕거리는 '사람'들이 아니라 그들에게 먹히는 '사과'가 주인공이 된 것이다. 시인은 마지막 행에서 사과의 씨를 새카만 두 눈이 반짝인다고 표현하였는데, 자신의 몸이 반으로 갈라져서 타인의 사랑을 증명해야 하는 운명을 앞에 두고 사과의 새카만 두 눈이 반짝이는 것은 어떤 이유에서였을까? 시인은 왜 그냥 보는 것이 아니라 보아야 한다고 목에 힘을 주고 있는 걸까?

  나는 매일 아침 공복에 꿀 한 스푼과 함께 사과 한 알을 깨끗이 닦아 껍질째 먹는다. 먹고 난 다음 사과 배꼽을 바닥에 세우는 버릇이 있는데 세워진 모양이 울퉁불퉁 꺼진 촛불 형상임을 본다. 꼭지까지 붉어 방금 꺼진 촛불에서 하얀 연기를 내놓고 막 사라진 느낌을 받아 시로 옮겨 본 적이 있다. 사과의 거룩한 희생이 고맙다고, 사과에게 사과하는 마음으로,

  사과를 의인화하여 보듬어 안는 시인의 마음이 순수하고 따뜻하다.

  * 녹명(鹿鳴): 먹이를 발견한 사슴이 다른 배고픈 사슴들을 부르기 위해 내는 울음소리

산역(山役)

산역(山役) 하는 데 갔다가
쏟아지는 비를 만났다.
망자(亡者)는
길에 연한 남새밭에
나지막한 모습으로 자리 잡힌다.
죽음이 삶을 떠나고 있는 땅은
빗속에 형해(形骸)를 잃는다.

등 돌리자
비탈 아래 무논
고인 논물 위로 빗살 떨어지면
작은 물방울 만든다.
하늘로부터 가지고 내려온
중력을 고스란히 받아
물속으로부터 만들어 올린
땡그란 물방울.

사라지면 다시 생기고
사라지면 다시 생겨나는
끝없는 소멸(消滅)과 생성(生成).

〈
빗방울 떨어지는 자리가
한 생명 내려왔다가
동그랗게 머물다 가는 자리였다.

-현상연

　잔잔한 물 위에 돌 하나만 던져도 물결은 둥글게 원을 그리며 멀리 퍼져나가다 사라지고, 아무 일 없던 듯 물은 물을 덮고 평화로운 본래의 상태로 돌아간다. 이런 고요한 파문이 때로는 시각적 즐거움이 되기도 하지만 삶의 심연(深淵)에서 천천히 밀려오는 어둠처럼 천둥과 번개를 동반한 빗방울은 곧 각자의 슬픔을 불러내기도 한다. 특히 그려낸 원안에 살던 가족이나 지인(知人)의 죽음은 큰 고통과 아픔으로 다가오기도 한다.

　그렇게 생긴 오랜 시간 지울 수 없는 상처, 사람들은 누구나 그 파편을 품고 살아간다. 결국 우리는 깨어지기 쉽고 상처받기 쉬운 내면을 가진 존재들로 마음속에 간직한 슬픔은 줄곧 크고 작은 알갱이로 부서져 내리는데 다만 점점 잊어가며 사는 것이다. 어쩌면 인생이란, 물 위에 떨어지는 빗방울같이 끝없는 소멸(消滅)과 생성(生成)을 이어가는 게 아닐까 싶다.

텃밭

오월에는
그대의 텃밭이 되리다.

꽁꽁 얼어붙은 겨울 지나
보리 쑥 올라오는 사월도 지나
아침저녁 햇살 받으면 속으로 푸근한 김 올라오는
오월의 텃밭이 되리다.

그대는 내게 오라
조그만 호미로 딱딱한 이내 가슴 득득 긁어
떨어지는 땀방울로 적셔라
어기적어기적 낮은 자세로 고랑을 넘다가
방귀도 풍~ 뀌어주고
그대의 고운 손으로
상추도 심어 주고 아욱도 심어 주라.

나는 그댈 위해
여린 싹 틔워 내리니
그대가 헤집은 자리마다
연초록빛 싱싱한 꿈으로 키워 내리니,

그대는 내 위로
가벼운 체중 실어
그대가 꿈꾸는 세상 만들라.

- 김용식

   어떠한 것이 있음으로 하여 얻어지는 또 다른 것, 노력과 내 안의 기쁨을 텃밭의 이름으로 얻으려 한다. 마음 밭에 작은 씨앗을 뿌리고 무익(無益)한 사물과 허비(虛費)되는 일상을 골라내어 여린 싹 틔워낸다. 헤집어 놓은 자리에서 얻어지는 수확은 시인의 마음 중심에 서 있는 그대 이리니, 흙 속의 시간들이 고랑고랑 영글어 보호와 관리를 아끼지 않을, 끝 모르는 어떤 시작이 시인에게는 무진(無盡)이로다.
   장차 알몸으로 드러내는 감자밭도 가꾸시라.